AF263749

L⁴h
1782

CONFÉRENCE

FAITE PAR

M. JULES SIMON

DE L'ACADÉMIE FRANÇAISE, SÉNATEUR

au profit

DE L'ASSOCIATION DES DAMES FRANÇAISES

AMIENS

TYPOGRAPHIE DELATTRE-LENOEL

32, RUE DE LA RÉPUBLIQUE, 32

—

1887

CONFÉRENCE

FAITE PAR

M. JULES SIMON

DE L'ACADÉMIE FRANÇAISE, SÉNATEUR

au profit

DE L'ASSOCIATION DES DAMES FRANÇAISES

AMIENS

TYPOGRAPHIE DELATTRE-LENOEL

32, RUE DE LA RÉPUBLIQUE, 32

1887

CONFÉRENCE

faite le Dimanche 27 Novembre 1887

PAR

M. JULES SIMON,

DE L'ACADÉMIE FRANÇAISE, SÉNATEUR.

Présidence de M. BOZÉRIAN, Sénateur.

La séance est ouverte à 2 heures 20 minutes.

M. le Président. — MESDAMES, MESSIEURS,

Mon premier devoir est de vous remercier d'avoir bien voulu répondre à l'invitation qui vous avait été adressée par notre Comité, d'avoir tenu à venir prendre votre part de cette fête, si bien qualifiée dans le programme de fête de l'esprit et du cœur — ces cérémonies là en valent bien d'autres !

J'ai encore d'autres remerciements en réserve et vous comprenez à qui ils sont destinés. Je prie celui à qui ils sont réservés de vouloir bien attendre quelques instants encore.

Je ne retarderai pas, bien entendu, le plaisir que vous vous êtes promis d'entendre mon éminent collègue, M. Jules SIMON. Lorsqu'il doit parler, ceux qui l'assistent et qui l'entourent n'ont qu'un droit : celui de se taire, et qu'un devoir : celui d'écouter.

Je vous demande la permission d'user de ce droit et d'accomplir ce devoir et, en conséquence, de donner immédiatement la parole à mon collègue, M. Jules SIMON. (*Applaudissements*).

M. Jules Simon. — MESDAMES,

J'éprouve quelque embarras à faire ici une Conférence. Le premier vient de ce que j'ai la conscience d'avoir à vous parler de choses que vous connaissez — je ne dirai pas, aussi bien que moi, mais mieux que moi — puisque je vais vous parler de l'*Association des Dames françaises.*

Je n'ai pas cherché d'autre sujet, c'est celui-là qui s'est présenté tout naturellement à mon esprit. Je n'ai donc rien à vous apprendre ni à vous démontrer, ce qui est une situation malheureuse pour un vieux professeur et pour un conférencier. (*Sourires*).

De plus, j'ai à vous parler des choses les plus tristes du monde et je n'aime pas à parler des tristesses; j'ai une longue connaissance de la vie et je sais qu'elle en apporte assez elle-même pour que l'on ne se donne pas la peine d'en aller chercher!

Cependant, il faut bien, Mesdames, que je vous parle de la guerre qui est, de toutes les choses tristes, la plus triste. Beaucoup d'entre vous la connaissent — je n'aurais pas pu dire cela à un pareil auditoire, il y a vingt ans.

Les femmes ne vont pas à la guerre; la guerre est venue à Paris chercher les femmes. Vous l'avez vue... Je veux dire que plusieurs d'entre vous l'ont vue et, parmi celles qui l'ont vue, il y en a, sans doute, qui l'ont plutôt entrevue, comme on voit les objets d'un rêve... Mais enfin, vous en avez, par vous-mêmes ou par vos proches, le souvenir présent. Nous sommes dans cette ville que l'on a injurieusement nommée la « Babylone moderne » pour faire entendre que c'est le séjour des plaisirs peu honorables. Vous l'avez vue, cette Babylone, inondée de sang et de larmes, prête à savoir pleurer, prête à savoir combattre et se défendre! Vous vous rappelez ces jours pendant lesquels une mère ne pouvait pas voir son fils partir de la maison sans se demander si, une heure après, on ne le lui rapporterait pas sur une civière...

Peut-être, parmi les personnes qui m'écoutent, y en a-t-il plus d'une dont je ravive les douleurs!... Vous vous souvenez du temps où les plus favorisés de la fortune ne savaient pas s'ils pourraient donner du pain à leur famille le lendemain, et, au milieu de ces détresses, quand toutes les existences étaient bouleversées, tous les cœurs émus par la présence du péril, alors qu'on n'entendait plus que le bruit du canon retentissant sans cesse à ses oreilles, quand, en sortant dans la rue, on s'arrêtait souvent parce qu'on avait été sur le point de mettre le pied dans le sang, on avait une préoccupation plus grande encore et plus terrible que toutes les autres; c'est qu'on se demandait: qu'arriverat-il, après cela, de notre cher pays? De ce glorieux, de ce beau pays qui a été la merveille morale du monde, qui a créé des chefs-d'œuvre, qui a suscité des héros, qui a été illustré par tant de grands cœurs et sans lequel il semble que le monde serait transformé en un désert?... (*Vifs applaudissements*).

Oui, que va-t-il devenir? — C'était-là notre pensée de tous les jours et de toutes les nuits.

Faut-il donc qu'après avoir tant souffert, on soit obligé de penser encore aux souffrances qui peuvent venir? Il semble qu'on en a assez derrière soi et qu'il ne faudrait pas en avoir de nouvelles en perspective.

Cependant, il faut penser à tout et il ne faut pas être pris une seconde fois. Il faut profiter de la paix pour préparer les œuvres de la guerre, d'autant plus que nous savons, à n'en pouvoir pas douter, que si une guerre nouvelle survient, elle sera pire que la première.

Je suis bien éloigné, vous l'entendez bien, de vouloir faire ici des prévisions ou de la politique... Ah! de la politique!... Nous n'en faisons que trop!... (*rires*) et s'il ne dépendait que de nous — je parle ici à mes collègues — on en ferait un peu moins. (*Nouveaux applaudissements*).

Quand, donc, je parle de ce qui peut arriver, je ne fais ni une prédiction, ni une prophétie, ni rien qui y ressemble; je fais comme tout le monde, je parle du possible et je dis que, si une nouvelle guerre a lieu, elle sera plus terrible que la première.

Pourquoi y aurait-il une nouvelle guerre entre nous et nos voisins de l'Est? — De notre côté, ce serait la revendication des provinces que nous avons perdues, — c'est-là une cause ordinaire de guerre, ce n'est pas un surcroît de malheur dans la guerre. Mais, de l'autre côté, a-t-on une province à reprendre? — Non, tout est pris! — Que chercherait-on alors? — On chercherait à nous rendre incapables d'exercer une revendication. Ce serait donc une guerre faite pour exterminer. Il ne faut pas l'ignorer : s'il y a une guerre, ce sera une guerre d'extermination.

Il y a, en outre, à cela, une raison militaire : c'est que l'art de tuer fait des progrès extraordinaires. Je conseille à nos grands médecins, qui sont là, de se presser, de faire des découvertes dans leur art, parce que, tous les matins, les tueurs d'hommes en font dans le leur. Il n'est pas de jour où nous n'apprenions qu'on vient de trouver un nouvel engin avec lequel on fauche plus de vies humaines en moins de temps, ce qui est l'objectif et l'idéal d'une certaine science. Elle réussit, on vous l'apprend, et le fameux canon Krüpp, dont nous avons gardé un cruel souvenir, n'était pas encore le modèle du genre. A présent, on fait mieux : on tue plus vite et plus sûrement; on fauche plus de rangs à la fois et même la petite arme que chacun porte dans sa main, le fusil, se perfectionne à vue d'œil; tous les jours on en invente un qui a une plus longue portée que le précédent, avec plus de précision et plus de pénétration.

Voilà le progrès! L'humanité fait des progrès de tous les côtés, mais c'est assurément de ce côté-là qu'elle en fait le plus. Non seulement on invente des machines nouvelles avec lesquelles on tuera mieux, mais on invente encore des lois pour mettre le plus de monde possible en position de tuer ou d'être tué. Ainsi, dans ma jeunesse, il y avait deux sortes d'hommes : il y avait ceux qui étaient soldats et il y avait ceux qui ne l'étaient point. A présent, il n'y en a plus qu'une seule espèce : tout le monde est soldat! Vous avez des enfants que vous menez par la main à l'école; on ne vous demande pas qui vous êtes, qui que vous soyez, cet enfant, qui est le vôtre, est un soldat. Une heure viendra où il partira pour la caserne, où il sera un numéro dans un régiment... il sera, peut-être aussi, un numéro sur la liste des blessés, prenez-y garde! Et, quand je dis cela, j'ajoute immédiatement que ce n'est pas pour m'en plaindre; je suis du nombre des partisans du service obligatoire; je crois qu'il faut qu'il en soit ainsi, que c'est une des nécessités de la dure condition qu'on nous a faite.

Oui, le service est obligatoire et nous ne pouvons pas nous révolter contre cette obligation, parce que le salut de la patrie le demande, l'exige.

Tout le monde est donc soldat. Combien de temps? — On dit de 20 à 40 ans... — N'en croyez pas un mot! — On est soldat depuis 20 ans jusqu'à 40 ans, oui... en temps de paix ; mais, quand la guerre viendra — je parle au nom de ceux qui ont, depuis longtemps, dépassé cette limite de 40 ans, — ne croyez pas qu'ils acceptent cette exclusion, quand il s'agira de voir la France périr ou de la sauver, il n'y a pas un homme en état de combattre qui ne réclame une arme ; et si on lui objecte son âge, il n'admettra pas une pareille raison. On ne pourra lui opposer que son impuissance. Ah ! oui, si on lui dit : tu n'es plus rien, et tu n'es plus personne parce que tu n'es plus rien, ni pour toi-même, ni pour ton pays... Alors il répondra : c'est vrai, je suis une épave inutile maintenant, autrefois j'étais un citoyen !... Mais s'il lui reste encore un peu d'énergie et de vigueur, soyez sûres qu'il sera soldat ! (*Mouvement prolongé. Salve d'applaudissements*).

On prendra donc un peuple ; on jettera ce peuple sur un autre... On nous dit que la France peut ainsi compter 1,200,000 combattants. Les statisticiens étudient les registres pour voir, sur 1,200,000 combattants, quel peut être le nombre probable des blessés. Il paraît qu'il faut admettre que c'est le tiers. Ainsi, la France lance d'abord 1,200,000 hommes sur les champs de bataille, pour commencer et, quelques semaines après, ces champs de bataille lui rapportent 400,000 blessés. Je ne sais pas combien de morts.

Voilà les faits. Et remarquez bien qu'il ne s'agit pas seulement des blessés parce que la guerre a plusieurs façons de tuer : elle tue avec des canons et des fusils, mais elle tue aussi avec la maladie.

Je crois bien me souvenir — si M. Ducoaussoy était à ma place, il vous dirait cela avec précision — je crois me souvenir, dis-je, que le Dr Chexu, dans son livre sur l'*Expédition de Crimée*, explique comment, au cours de cette campagne, la maladie faisait son métier au moins aussi bien que le fusil et le canon. Il dit que l'encombrement des casernements et des logements de la troupe avait des résultats aussi terribles que les balles et les boulets ; de telle sorte qu'une fois à l'armée, on ne meurt pas seulement des blessures, mais aussi du choléra et de la peste.

Voici, notamment, un détail que je vous signale à ce propos. Parmi les maladies qui frappent les hommes réunis avec encombrement, il y en a une à laquelle les Français sont, paraît-il, plus sujets que les autres peuples, dans leur jeunesse : c'est la fièvre typhoïde. La fièvre typhoïde se développe surtout de 19 à 22 ans, chez les gens agglomérés dans des casernes.

Or, on propose en ce moment au Parlement une loi qui réduit la première partie du service militaire à trois ans ; par conséquent, le soldat de notre première ligne, celui que l'on enverra d'abord au devant de l'ennemi, ce soldat qui, avec le système actuel, aurait, en moyenne, 24 ans, n'en aura plus, en moyenne, que 21 — c'est l'âge de la fièvre typhoïde et nous voyons accroître, de ce chef, les chances de maladie et de mort.

Ah ! Mesdames, quel tableau, quel récit je vous fais là ! Il semble que l'on vous ait amenées dans cette salle pour que je vienne étaler devant vos yeux ces faits lamentables ! Mais je sais à qui je m'adresse ; ce n'est pas à des femmelettes, c'est à des personnes qui ont du cœur, qui ont assez de fermeté dans l'esprit pour avoir envisagé, avant que je les dépeigne, ces éventualités terribles.

Qui donc êtes-vous, en effet ? Vous êtes une Association ayant pour but de donner des secours aux blessés. Eh bien, c'est d'eux que je vous parle et je vous montre d'abord quel en peut être le nombre ; je vous présente 400,000 enfants qui n'auront pas tous fini leur croissance — car c'est une erreur de croire, comme on le fait généralement, que toute croissance s'arrête entre 20 et 21 ans — et qui peuvent, d'un jour à l'autre, vous revenir blessés... A qui donc demanderons-nous de les panser, de les soigner et de les consoler ?... Mesdames, vous avez entendu leur voix avant que je leur prête la mienne et c'est parce que vous l'avez entendue que vous êtes ici. (*Applaudissements*).

On peut dire qu'en même temps qu'on travaille à l'art de blesser et de tuer, on travaille aussi à l'art de guérir. Je ne crois pas, quant à moi, que la chirurgie et la médecine aient jamais fait plus de merveilles qu'elles n'en font de nos jours et il me reste dans l'esprit cette pensée qu'ils ont réussi à allonger la vie moyenne. Dans tous les cas, ils ont certainement supprimé une grande partie des infirmités dont on souffrait autrefois; si bien qu'on se trouve être devenue un vieillard — on en est bien désolé — (*Rire général*) et, en s'étudiant, en se tâtant, on se demande : Où sont donc ces fameuses infirmités sur lesquelles nous gémissions avec tant de compassion quand nous les observions chez les autres ?.... (*Nouveaux rires*). Je crois, je le répète, que ce sont les médecins et les chirurgiens de notre temps qui ont opéré ces merveilles et je leur rends cet hommage. Je sais ce qu'ils ont fait dans la dernière guerre et ce qu'ils sont prêts à faire dans la prochaine.... Mais vous avez compté leur nombre ?.... Ils suffisent largement en temps de paix ; vienne la bataille et cette avalanche de blessés qu'on en rapporte le lendemain, à cela il leur est impossslble de suffire. Il n'y a plus assez de place dans les hôpitaux, plus assez de linge pour les pansements, plus assez de lits pour le couchage, plus assez d'aliments, plus assez de garde-malades — et il leur faut de tout cela, c'est l'évidence même.

Augmentez donc le service de santé en temps de paix pour être prêts en temps de guerre ! Et c'est ici que je vais vous montrer un autre côté de la question.

Nous sommes en paix, grâce à Dieu et je lui demande, du fond de mon cœur, de la faire continuer ; j'espère qu'il ne voudra pas nous infliger, une fois encore, les horreurs dont nous avons été témoins ! Nous sommes en paix, disais-je, et cependant, nous souffrons de la guerre comme si la guerre était à nos portes. Jamais, en aucun temps, les peuples n'ont mis tant de soldats sur pied et jeté tant de leurs écus dans la bourse des Ministres de la guerre.

On publiait, dernièrement, en Allemagne, un calcul où figurait le chiffre des dépenses de guerre de l'Europe pendant la paix. On estimait que l'Europe dépense, pour la guerre, annuellement, depuis 17 ans, 4 milliards et, sur ces 4 milliards, la France, qui a le plus gros lot, fournit, chaque année 800 millions. (*Mouvement*). Nous périssons tous ainsi, la France et les autres peuples ! Songez qu'on a jeté, dans ce gouffre, en quinze ans, 40 milliards !... Admettons qu'il faudrait toujours compter sur certaines dépenses de guerre et supprimons la moitié de ce total. C'est encore 20 milliards de plus que le nécessaire que l'on enlève à l'Europe et vous voyez, sur cette énorme chiffre, quelle est la part de la France !

Est-il possible d'ajouter à cela ? Non, cela est impossible ! Il n'y a pas une personne humaine qui puisse, à l'heure qu'il est, ajouter quelque chose au compte de ces dépenses. De tous côtés on cherche, en ce moment, à réduire une dépense par ci, une autre dépense par là, on en a trouvé d'inutiles qu'on pouvait supprimer ; on a été plus loin, beaucoup de celles qu'on a rayées étaient nécessaires, on en est arrivé à faire des économies insensées ... et tout cela, pourquoi ? — Parce qu'il y a toujours cette dépense de guerre qui nous étreint, qui nous ruine, et qui augmente sans cesse. Personne n'y pense, ou plutôt personne n'y veut penser parce qu'il faudrait, pour y satisfaire, puiser dans une caisse vide. On voudrait augmenter le service de santé, on n'en trouve pas le moyen ; et quand viendront les blessés nouveaux, on trouvera l'ancien service et on ne trouvera que cela — à moins, Mesdames, qu'on ne vous trouve. (*Applaudissements*).

Voilà l'utilité de votre œuvre. Car il ne faut pas que l'on dise : nous aurons des hommes. — On a pu le croire et j'imagine que les premiers fondateurs de la Croix rouge, — dont nous ne pouvons parler sans les remercier, non seulement des services qu'ils ont rendus à l'Association, mais de ceux qu'ils rendent à l'humanité. (*Vifs applaudissements*). — J'imagine qu'en commençant leur entreprise, ils avaient surtout pensé à utiliser les hommes. C'est en marchant et en durant qu'ils se sont aperçus qu'il fallait faire appel à d'autres personnes que les hommes, sur lesquels ils avaient d'abord compté. C'est que, les hommes, il n'y en aura pas. Tous seront occupés à tuer, il faudra donc que la femme s'occupe à panser ! (*Applaudissements répétés*).

On est donc allé vous chercher, Mesdames.... Je me trompe, on n'est pas allé vous chercher, vous vous êtes offertes.

J'ai parcouru hier tous les discours qui ont été prononcés à votre Association et que M. le Dr DUCHAUSSOY son fondateur m'avait donnés. J'y ai vu que, quelquefois, on avait fait des difficultés pour vous accepter. C'est une chose étrange, mais commune ! Toutes les fois que l'on veut rendre un service, la première difficulté que l'on rencontre, c'est la difficulté de le faire accepter.... (*Rires approbatifs*). Enfin, on vous a acceptées ; on vous laissait réclamer et cependant on ne pouvait pas se passer de vous, je crois que je viens de le démontrer. J'ajoute que, quand même on l'aurait pu, c'est-à-dire si l'on avait eu assez d'infirmiers pour pouvoir se passer des infirmières, on n'aurait pu empêcher qu'il y ait, entre les infirmiers et les infirmières une différence considérable. Je ne vous le demande pas, Mesdames ; mais je pose une question à tous les hommes qui sont ici : Mes chers amis, avez vous été malades ? — Si vous l'avez été, dans votre vie, vous savez qu'il y a plus d'avantages à être soigné par une infirmière que par un infirmier ! (*Nouveaux rires; bravos et applaudissements*).

Non seulement, Mesdames, on ne pouvait pas se passer de vous, mais on ne pouvait pas faire aussi bien que vous.

Il y avait encore une autre raison : c'est que vous ne pouviez pas vous dispenser de rendre ce service. Non, vous ne le pouviez pas ! Vous avez réfléchi à l'éventualité d'une guerre ; vous avez pensé à ce qui arriverait alors ; vous avez vu, dans un éclair, vos maris et vos enfants sur le champ de bataille ; vous les avez vus aussi dans les ambulances et vous vous êtes dit: Est-ce que je vivrai chez moi pendant ce temps-là, usant ma pensée et mon cœur à songer à ceux qui souffrent ? Est-ce que je ne ferai rien de mes mains et de mon cœur lui-même ! Est-ce que je le laisserai, ce cœur, se consumer, inutile, dans le désespoir ? Est-ce que je n'irai pas verser sur eux tous les trésors qu'il contient ? Non, je vous demanderai ma part de fatigues et de dangers ; je réclamerai ma place dans cet hôpital où je m'ensevelirai pendant la guerre et qui me sera cher, non seulement par les plaies que j'y panserai, mais par les périls que j'y courrai ! (*Mouvement prolongé. Applaudissements répétés*).

Voilà ce que vous vous êtes dit, Mesdames, et, par conséquent, je sais quels sont les motifs qui ont poussé le Dr Duchaussoy à fonder l'*Association des Dames françaises*.

Vous avez beaucoup fait, depuis le jour où vous l'avez fondée. J'ai lu tous ces documents qui racontent votre œuvre. Non seulement vous vous êtes préparées pour l'avenir, mais vous avez rendu des services actuels — et c'est même là une de vos plus heureuses idées, parce qu'il faut tenir compte des faiblesses de la nature humaine. A force de travailler pour un mal lointain et qui, peut-être, ne viendra pas, l'énergie et la bonne volonté pourraient faiblir; tandis que s'il arrive, de temps en temps, une peste, un incendie, une inondation, une de ces calamités publiques dont on nous rapporte les détails lamentables, déjà, et quoiqu'il ne s'agisse pas de la guerre, vous trouvez l'occasion de rendre des services immédiats. L'ouvrage que vous avez fait est mis dans des caisses, emballé et il arrive à l'hôpital ou dans la chaumière désolée; il y apporte la consolation, le soulagement, le bien-être et vous sentez alors, vous avez, en quelque sorte devant vos yeux, l'importance des services que vous êtes capables de rendre ; vous prenez en vous-mêmes la résolution d'en rendre de plus grands encore; à chaque caisse qui part pour aller au loin porter un peu de secours, vous vous dites : En voilà une qui part, je veux en faire deux — et vous les faites, et c'est ainsi que, par l'exercice, vous vous habituez à vouloir — et c'est surtout cela qu'il faut. Vous prenez, en outre, une certaine expérience. Je vois que vous avez des cours, que vous les fréquentez, que vous y prenez des leçons; on vous y montre comment il faut panser un peu plus scientifiquement et on vous apprend encore comment on s'y prend pour faire, scientifiquement aussi, sortir de la bourse de vos maris l'argent qui y sommeille, afin d'augmenter le Trésor de la Charité.... (*Rires*). Vous faites vos exercices comme nous faisons nos 28 jours. (*Nouveaux rires et applaudissements*). Nous allons dans les casernes apprendre à tuer — puisque c'est devenu le métier des hommes — et vous allez chez le Dr Duchaussoy et chez ses collègues apprendre à guérir.

Et vous réussissez, vous marchez, votre Association est en plein succès. Vous avez, à côté de vous, d'autres institutions qui rendent les mêmes services, et vous en êtes remplies de joie. Il y en a de toutes sortes. Il y a des institutions laïques qui ont pris modèle sur vous; vous les regardez et vous vous dites : Je me réjouis du bien qu'elles font, car c'est moi-même qui le fais, puisqu'elles me suivent. Il y en a d'autres devant vous, qui avaient pris les devants — je les nomme. Dieu me préserve de jamais parler d'une œuvre de charité sans rendre hommage aux Sœurs de la Charité. (*Applaudissements*). Oui, je les nomme ici. Je ne sais pas qui vous êtes; vous appartenez à une religion, je ne sais pas laquelle et peu m'importe; mais je sais que quand je parle comme je le fais des Sœurs de la Charité, j'en parle comme vous voulez que l'on en parle et vous pensez d'elles ce qu'en pense le monde entier depuis qu'elles existent. (*Nouveaux applaudissements*).

Donc, vous êtes, Mesdames, une partie de la grande armée. Je ne sais pas quel nom les hommes donneront à cette armée dans l'avenir... Vous prenez le titre d'*Association des Dames françaises* — c'est là un nom qui, pour nous autres Français, nous va au cœur. Je l'aime, cette croix rouge; c'est un symbole qui est devenu deux fois sacré, depuis qu'il représente la charité dans les plus grandes misères humaines. Il a, pour moi, un grand mérite: c'est que tout le monde l'accepte et l'adopte. Vous êtes Français, vous prenez le brassard blanc avec la croix rouge; vous êtes Allemand, vous prenez aussi le brassard blanc avec la croix rouge. Ce n'est ni un symbole français, ni un symbole allemand, c'est le symbole de l'humanité elle-même. Il n'est à personne et, de fait, on est parvenu à faire admettre aux docteurs du droit international qu'il restait sacré à tous. Le fusil, qui ne s'arrête devant rien, ce fusil qui, dans la main d'un frère, menace parfois la vie d'un frère, ... hélas! nous ne pouvons pas l'ignorer, depuis que nous avons des frères qui sont devenus Allemands, de telle sorte qu'il existe des familles où l'aîné est dans l'armée française tandis que le cadet est dans l'armée allemande et que, si la guerre éclatait, chacun d'eux se demanderait si, au bout de son fusil, cet ennemi invisible, qu'il ne peut reconnaître, mais qu'il doit atteindre, si cet ennemi n'est pas de son sang!.... Eh bien, ce fusil, qui menace tout, se relève devant le brassard de la croix rouge. Tout le monde a accepté cela. Elle seule est respectée.

Qu'est-ce donc que cela, Mesdames? C'est la charité elle-même; elle a, grâce à Dieu, le droit de traverser aujourd'hui les champs de bataille — c'est peut-être un commencement de paix, c'est, dans tous les cas, une consolation. (*Salve d'applaudissements*).

Non seulement vous êtes l'armée de la paix, l'armée neutre, mais vous êtes peut-être, je le crois, le commencement d'une réaction future... Je vois là, dans mon auditoire, un de mes amis, qui me rappelle une scène à laquelle j'ai assisté, un jour — et que je vais vous raconter.

Je me trouvais, un jour, à dîner chez Guizot. Il y avait-là Chabaud-Latour, le collègue que nous avons perdu et dont j'avais l'honneur d'être l'ami — honneur qui m'était bien cher — et il y avait aussi un autre général dont je ne me rappelle plus le nom — C'était un général d'artillerie. Guizot disait à ce général : Je conviens que vous faites des découvertes superbes! — Il faut dire que, depuis qu'il avait passé la porte, cet artilleur avait commencé à expliquer, dans tous leurs détails, les merveilles accomplies par son arme. Il n'y avait plus de murailles possibles! Ah! les anciennes murailles, il s'en moquait bien! Les anciennes murailles?... Mais il n'avait qu'à faire venir ses batteries et elles seraient toutes renversées en quelques instants, il n'y aurait plus que des ruines!... C'était magnifique! (*Hilarité*). Chabaud-Latour, de son côté, lui répondait : Oui, mais nous venons d'inventer des remparts qui sont d'une force!... Et l'artilleur reprenait : Parfaitement, mais nous avons un autre canon! — Nous inventerons une nouvelle muraille — Et nous vous la démolirons avec un nouveau canon!... Et ils discutaient tous les deux, prouvant de leur mieux, l'un, qu'il pouvait faire des projectiles devant lesquels aucune muraille ne tiendrait et l'autre qu'il pouvait construire des murailles défiant tous les projectiles. Et je vois encore Guizot intervenant et demandant si l'on ne pourrait pas procéder, en matière de guerre, comme on le fait pour certaines opérations d'arithmétique qui consistent à diminuer deux facteurs d'une même quantité sans changer le résultat. Si l'on pouvait, en effet, annuler la moitié de l'œuvre de l'artilleur avec la moitié de l'œuvre de l'officier du génie, en diminuant un peu les tueries et, du même coup, les dépenses de guerre, ce serait un gros bénéfice pour tout le monde. (*Rires approbatifs*).

Cette idée m'est revenue tout à l'heure en songeant au rôle que vous pouviez être appelées à jouer dans le monde. Seriez-vous réduites à détruire seulement le mal quand il sera venu et ne pourriez-vous pas servir quelquefois à l'empêcher de venir? N'êtes-vous pas dans le monde, Mesdames, pour atténuer les haines ?...

— Mettons, si vous le voulez, que nous y sommes, nous autres pour les y entretenir et peut-être pour les y exciter. Je sais que quand un homme, soit dans la politique, soit dans les relations extérieures, se fait l'athlète d'un grand mouvement d'opinion, il attise les colères et souffle le feu de la haine ; plus il est grand, plus il devient redoutable et plus, il faut bien le dire, on l'admire — car nous ne savons admirer que la force! Même les gens qui nous écrasent attirent nos applaudissements. Celui qui est pacifique et qui ne fait que du bien, celui-là il faut réfléchir pour l'admirer, tandis que l'admiration va droit à celui qui persécute et qui tue. C'est ainsi que nous sommes faits! — Je le constate, je ne m'en glorifie pas.

Soyez donc faites autrement, Mesdames, car, assurément, la nature ne vous a pas faites pour la guerre et la haine, ni pour exciter les passions violentes, perturbatrices et meurtrières ; elle vous a faites, au contraire, pour faire le bonheur de tout le monde, apaiser les colères, ramener la paix, inspirer les sentiments qui relèvent nos cœurs, quand nous nous laissons aller au courant de ces déplorables aberrations.

Si vous êtes une armée, nous vous le demandons, soyez l'armée de la paix ; apprenez d'abord, en France, aux partis, à ne pas être si violents les uns envers les autres. Mettez la main sur le cœur de ceux qui préparent la bataille et dites-leur : songe à ton fils, songe à ta femme! Mettez la main sur le cœur de ceux qui parlent de guerre sans en avoir calculé les résultats et comme s'ils étaient vraiment sûrs de la victoire alors que, peut-être, la défaite est devant eux, et arrêtez-les ; dites-leur, puisque vous en avez le droit, qu'il faut de la prudence. Quand un homme dit : il faut de la prudence, on s'écrie : il l'aime trop! Mais vous, quand vous parlerez ainsi, on vous écoutera et on vous répondra, car c'est là votre rôle et c'est pour cela que Dieu vous a faites. (*Applaudissements*).

Je n'ai plus rien à vous dire, Mesdames. Au fond, je n'ai rien à vous dire. Je suis venu ici plutôt pour vous féliciter et vous remercier que pour vous éclairer.

Soyez donc les réparatrices et les consolatrices du mal quand il sera fait ; soyez les inspiratrices du bien ; soufflez l'honneur et soufflez la paix — c'est votre devoir. Jamais vous ne nous conseillerez trop d'être réservés et sages. J'hésite d'autant moins à le dire que je sais à qui je parle. Je sais qu'en même temps que vous êtes femmes, vous êtes françaises — c'est vous-mêmes qui le dites en tête de votre programme. Ennemies de la guerre, par nature, par raison, par conviction, si la guerre éclate, vous ne vous bornerez pas à aller guérir les blessés dans les hôpitaux ; car une fois qu'elle est commencée, vous savez, vous comprenez, vous sentez qu'il faut la faire et je sais plus d'une infirmière, plus d'une ambulancière, qui a la guerre en horreur et qui, le jour où la France se dressera debout devant l'ennemi, prendra virilement la main de son fils et lui dira : « Mon enfant, va te battre ! » (*Bravos répétés. — Longue salve d'applaudissements*).

L'orateur est vivement félicité par les personnes présentes sur l'estrade).

M. le Président. — Mesdames, Messieurs,

Je crois être votre interprète fidèle en adressant à mon éloquent collègue, M. Jules Simon, l'expression de notre sincère gratitude.

Grâce à lui, voici une bonne journée pour nous et, qu'il me permette encore d'ajouter ; grâce à lui, voici une grande journée pour notre Association. (*Applaudissements répétés*)

La séance est levée à 3 heures 5 minutes.

63

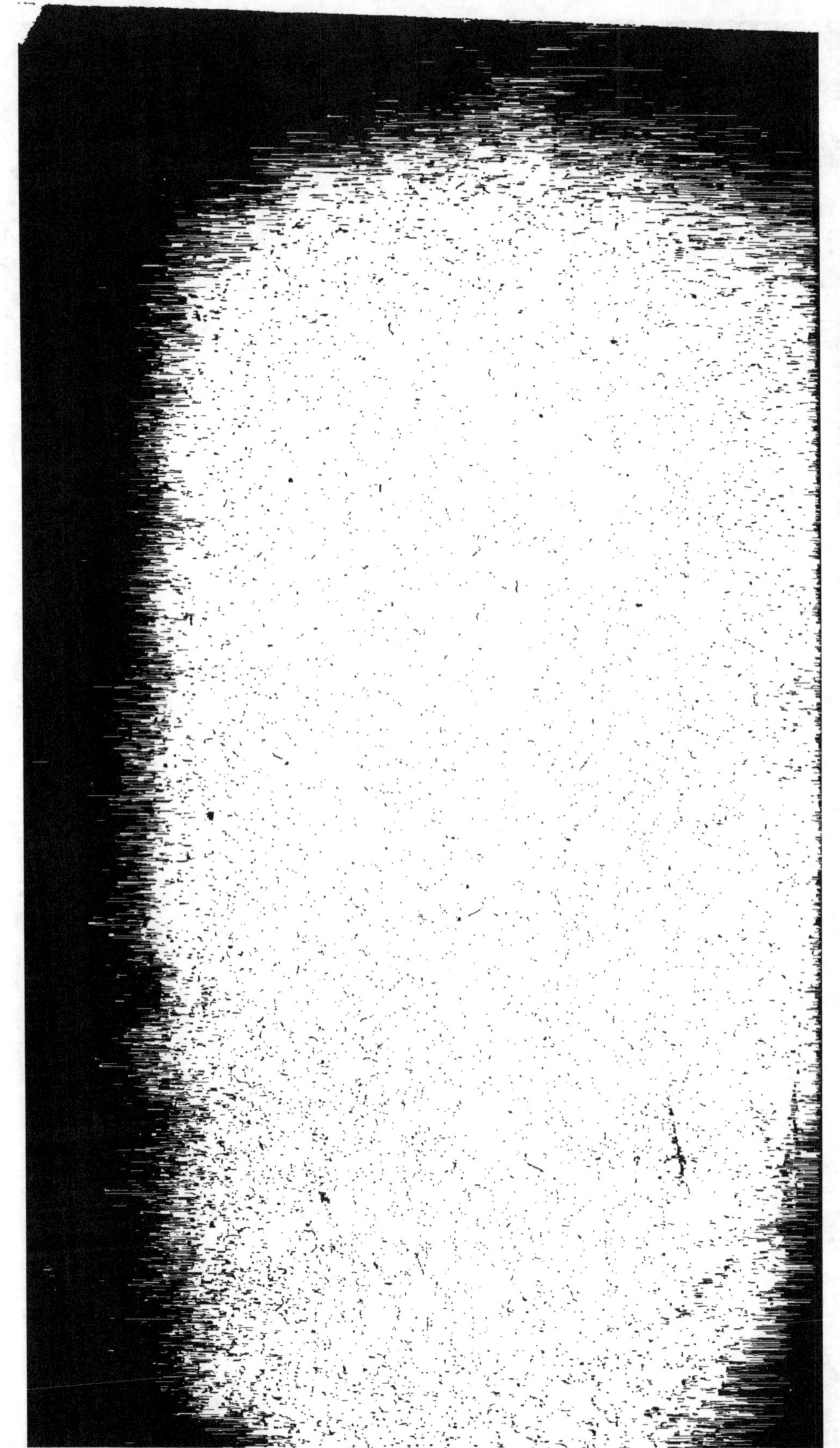